Una obra de teatro en la clase

por Gus Gedatus   ilustrado por Margeaux Lucas

Scott Foresman
is an imprint of

PEARSON

Glenview, Illinois • Boston, Massachusetts • Chandler, Arizona
Upper Saddle River, New Jersey

Every effort has been made to secure permission and provide appropriate credit for photographic material. The publisher deeply regrets any omission and pledges to correct errors called to its attention in subsequent editions.

Unless otherwise acknowledged, all photographs are the property of Pearson.

Illustrations by Margeaux Lucas

8 ©Karl Gerhardt/Corbis

ISBN 13: 978-0-328-53401-2
ISBN 10:   0-328-53401-3

Copyright © by Pearson Education, Inc., or its affiliates. All rights reserved. Printed in the United States of America. This publication is protected by copyright, and permission should be obtained from the publisher prior to any prohibited reproduction, storage in a retrieval system, or transmission in any form or by any means, electronic, mechanical, photocopying, recording, or likewise. For information regarding permissions, write to Pearson Curriculum Rights & Permissions, One Lake Street, Upper Saddle River, New Jersey 07458.

Pearson® is a trademark, in the U.S. and/or other countries, of Pearson plc or its affiliates.

Scott Foresman® is a trademark, in the U.S. and/or other countries, of Pearson Education, Inc., or its affiliates.

2 3 4 5 6 7 8 9 10 V0N4 13 12 11 10

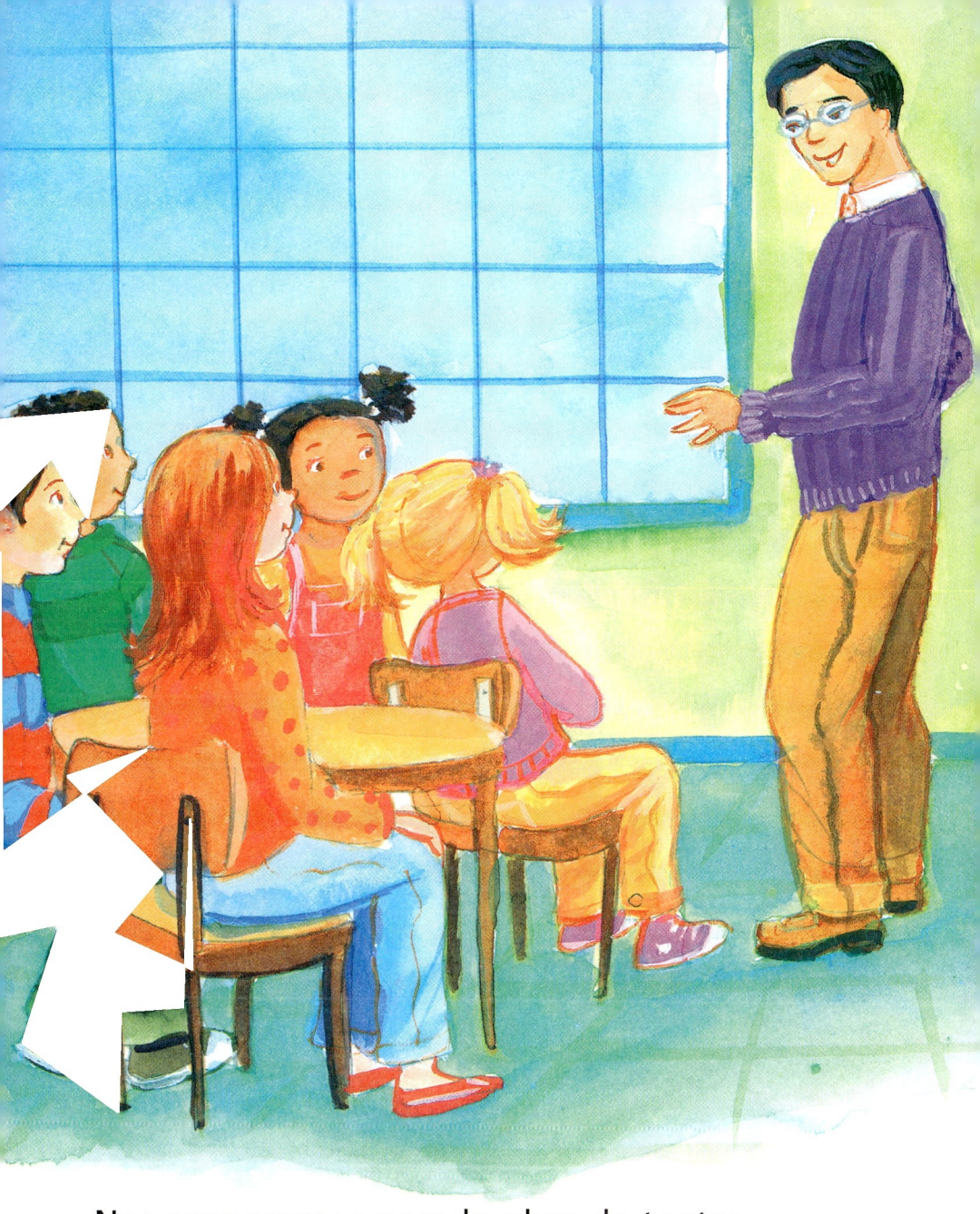

Nos preparamos para la obra de teatro.
Será la obra de la clase de segundo grado.
Tratará sobre Abraham Lincoln.
Vamos a trabajar mucho en la obra.

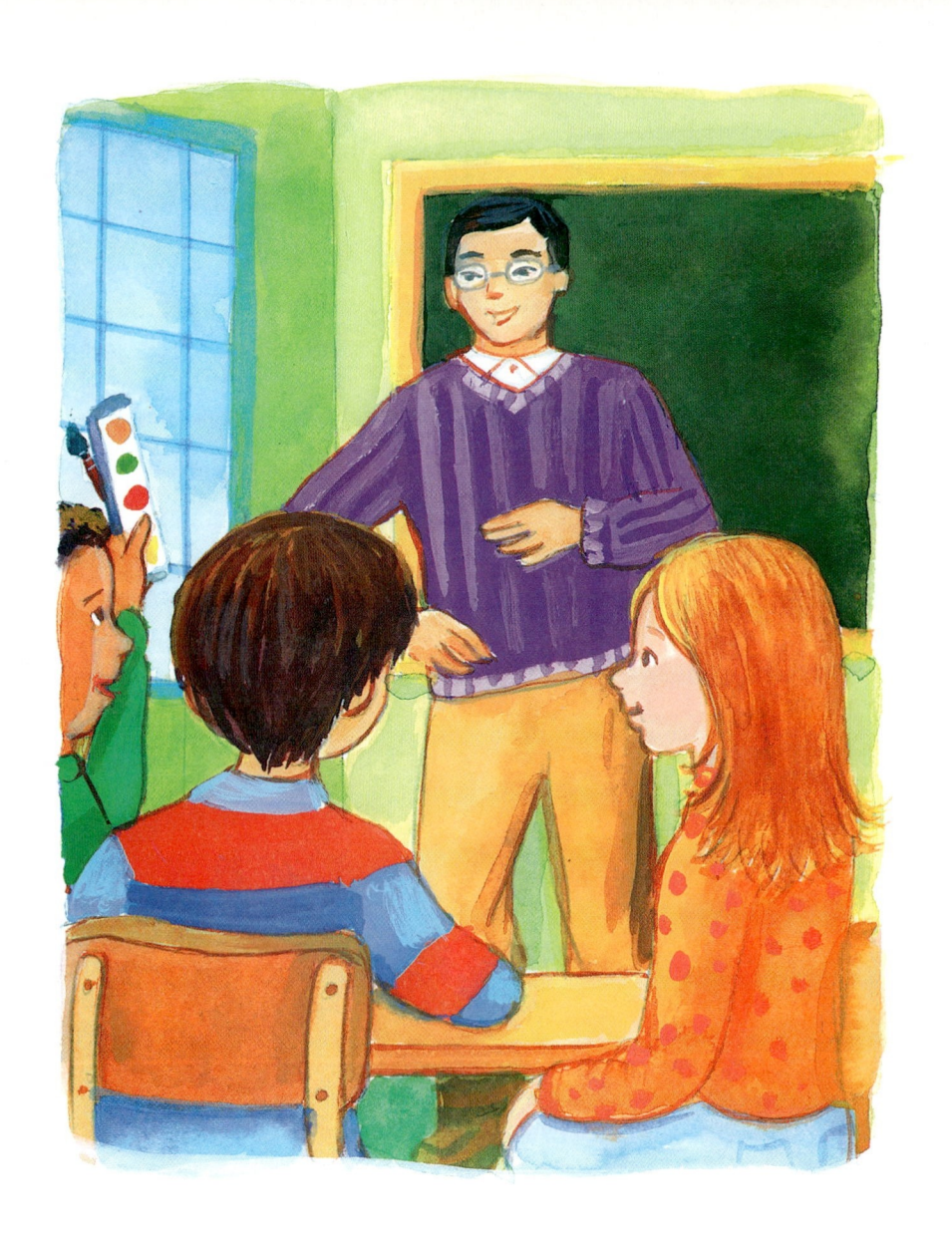

Nos organizamos para la obra de teatro de la clase.

—Pintaré una bandera —dice Luisa.

—¿Qué puedo hacer yo? —pregunta Nico.

—Tú serás el joven Abraham Lincoln —le dice el señor Kim.

Nos preparamos para la obra de teatro de la clase.

—¡Seré el peor! La gente se reirá —se agüita Nico.

—Ninguno se reirá. Tienes madera de actor —le dice el señor Kim.

La segunda vez, Nico ya lee sin vergüenza su parte.

Nuestros padres llegan a la obra de teatro.
Nico da un discurso sobre nuestro país.
Nico tiene una barba hecha de pelos
de maíz. Lleva un sombrero negro y un
abrigo largo.

La gente aplaude y vitorea a Nico
mientras habla.
Nico está contento.
—¡Quiero actuar otra vez! —dice.

Gettysburg

Leamos juntos

Abraham Lincoln dio discursos memorables. El más famoso podría ser el que dio en Gettysburg. Allí tuvo lugar una batalla de la Guerra Civil de nuestro país. La batalla duró tres días. Pocos meses después, el presidente Lincoln dio un discurso en ese lugar. Fue un discurso breve, pero muy especial. Lincoln quería que la guerra terminara. Quería que la gente no olvidara la batalla de Gettysburg. Quería que recordaran a los soldados que murieron allí.

Hoy, ese campo es un parque que se puede visitar. Así recordamos lo que allí sucedió.

El campo de batalla en Gettysburg es ahora un parque.